纳思教育 诺动漫 编

纳思豆Q漫画之

名人之家

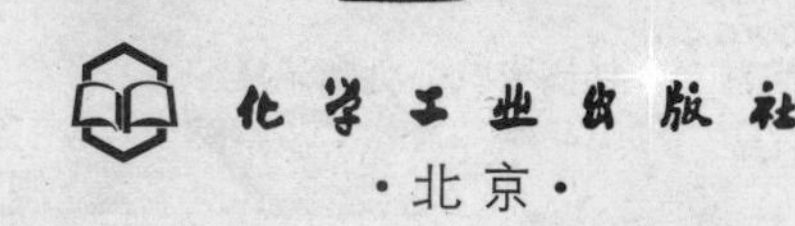

化学工业出版社
·北京·

三年级小学生轩轩意外从图书馆借回的《名人传记》中发现了一个自称是高智商物种，但是举止有些脱线的微型外星人——纳思红豆，他和伙伴们在玩一种高科技穿越游戏，不懂地球文明的纳思红豆为了回到自己的星球，必须按照游戏规则，由一个地球人带领，通过了解每一个关于地球人品格的关键字来完成游戏。爱探险的轩轩于是在梦里跟着纳思红豆穿越到名人传记的故事中，他们从古希腊到中国春秋战国时期，邂逅了包括苏格拉底、孔子、庄子等世界名人，轩轩也懂得了很多原来难以理解的道理……

图书在版编目（CIP）数据

纳思豆Q漫画之名人之旅/纳思教育，诺动漫编．北京：化学工业出版社，2012.6
ISBN 978-7-122-14209-2

Ⅰ．纳…　Ⅱ．①纳…②诺…　Ⅲ．漫画-连环画-作品集-中国-现代　Ⅳ．J228.2

中国版本图书馆CIP数据核字（2012）第079096号

责任编辑：张　敏　张　立　　装帧设计：尹琳琳
责任校对：宋　夏

出版发行：化学工业出版社（北京市东城区青年湖南街13号　邮政编码100011）
印　　装：北京画中画印刷有限公司
880mm×1230mm　1/24　印张6½　字数160千字　2012年6月北京第1版第1次印刷

购书咨询：010-64518888（传真：010-64519686）
售后服务：010-64518899
网　　址：http://www.cip.com.cn
凡购买本书，如有缺损质量问题，本社销售中心负责调换。

定　　价：25.80元

目录

No.1

苏格拉底

谦虚的精神："助产士"

噔！
噔！
噔！

呼哈~

砰！
我叫陈子轩，是纳思小学三年级学生。
别问我为什么这么脏，这个问题我每天都得解释很多遍。

你这个泥猴子回来了啊！
妈妈！我刚捉到一只红头蓝颈金花翼，千万别给我丢了！
嘻嘻~
快换上干净的衣服！
轩轩，你整天只惦记着这些小虫，功课别落下了！
知道啦知道啦，明天历史知识竞赛，我会温习的。

叽叽喳喳~

从小大家都说我有多动症，大概就是夸我很会运动的意思吧！
老爸跟我一样坐不住，他是个摄影家，总在外面跑。

是什么东西呀?

空！

啊！！！

谁？谁在那里？

砰！
编号438438，来自纳思星球星际战舰A队，
请叫我纳思红豆大人！

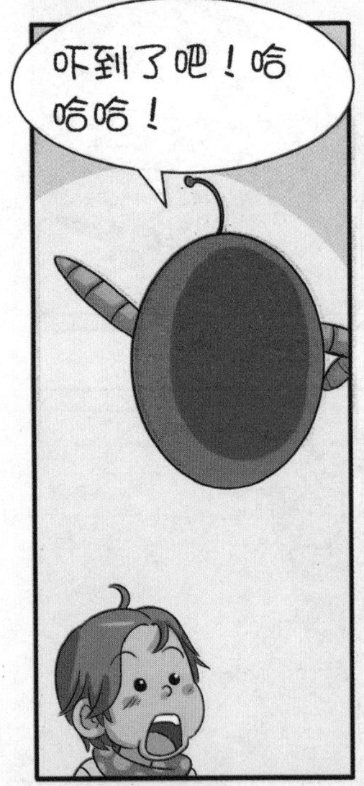
吓到了吧！哈哈哈！

纳豆？

竟敢嘲笑高智商的物种！
啊！！！

你的意思是，你在和你的朋友玩游戏，然后游戏机器坏了，
你就到地球来了，而且你还那么巧，刚好就落在这本书里?

也不一定是机器坏了，也有可能是他们故意捉弄我。
看来你人缘真不怎么样啊！连你朋友都捉弄你。

你得赶快帮我回去。
我可没有超能力。

不用超能力，我只要储存满地球上的文明精华，就可以完成游戏任务回去啦。
那还不容易，你看完这本历史书就差不多了。
行，你抓紧我的手！
啊?

你，你要干嘛？

啊！怎么回事？！
嗞~
嗞~
嗞~

啊！！！

嗖！

啊！！！我们这是在哪里啊？
放心，现在只是在你的书里，这些是我按照书里的故事构建出来的。

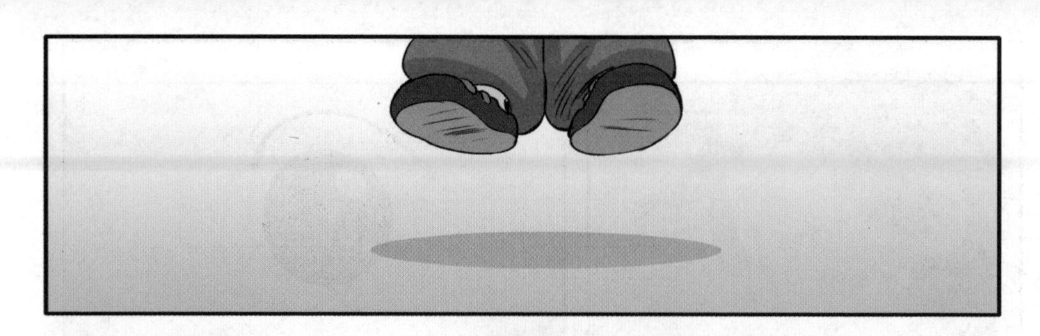

这些人看不见
我们吗？
是啊！我们只是
复原了历史书里
的场景，这样看
得比较直接。

太有意思
了！

苏格拉底
原来这位伟大的哲学家小时候还干过这些。
书里说他善于通过提问，从对方答案中再发问，一直引导人解决问题，获得知识。
那是什么意思？
我们跟着他去看看就知道了。
苏格拉底 6岁
27岁
56岁

苏格拉底喜欢在街市、运动场等公共场合找人聊天，讨论各种问题，这也是他每天给自己定的任务。

上好的皮货哦！
客官里面请！

都说要做一个有道德的人，但是道德的标准到底又是什么呢？

请问，你会怎么跟你的孩子解释怎样才是有道德的人呢？

孩子，不欺骗别人才是有道德的人。

嗯！

不欺骗别人就是有道德的人？是这样吗？

刚才有人说不欺骗别人就是有道德的人，你觉得呢？

但是如果两军作战时，我军将领为了胜利而欺骗敌人那就符合道德，但如果欺骗自己人就不道德了。

当我军被敌军包围时，为了鼓舞士气，将领就欺骗士兵说，我们的援军已经到了，大家奋力突围出去。突围果然成功了。这种欺骗也不道德吗？

那是战争中出于无奈才这样做的，日常生活中这样做是不道德的。

假如你儿子生病了，又不肯吃药，作为父亲，你欺骗他说，这是一种很好吃的东西，这也不道德吗？
这种欺骗也是符合道德的。
不骗人是道德的，骗人也可以说是道德的。
那就是说，道德不能用骗不骗人来衡量。究竟用什么来做标准呢？还是请你告诉我吧！
……
不知道什么是“道德”就不能成为有道德的人，知道了什么是“道德”才能成为有“道德”的人。

您真是一个伟大的哲学家呀！

您……您不是雅典大名鼎鼎的苏格拉底吗？我哪是什么哲学家！您才是啊！
您告诉了我关于道德的知识，让我弄明白了一个长期困惑不解的问题，我衷心地感谢您！

人本来就是非常无知的，所以大家才需要通过各种讨论去找到真正的善和真知，这样才能促进我们国家进步。
哕~哕~哕~
人类所能明了的事物和道理实在是太有限了，越知道的多越发现自己的无知啊。
您就是苏格拉底？
是啊！有什么事吗？
我想请教您怎么样才能获得知识呢？
……

这老头发疯了啊！

你刚才心里最大的愿望是什么？
当然是能呼吸！
那你觉得刚才你用了几分力呢？

当然是用尽全力……哦，我明白了，我要获得知识首先要有强烈的、源源不断地对知识的渴求！谢谢您！

不用谢我，道理都是你自己感悟出来的。我只是问了几个问题。

你真是没用！整天只知道发表演说，家里这么穷，都被邻居笑死了！

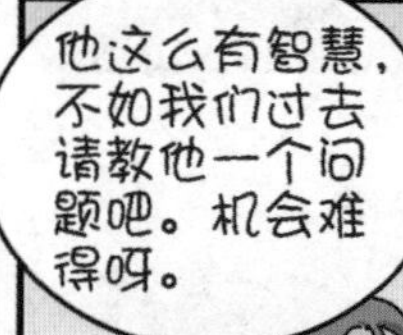
他这么有智慧，不如我们过去请教他一个问题吧。机会难得呀。

他看不见我们的，不是同一个空间的，不过我可以创造一个人物代替我们去问。

na!na!na!
变！
虾米！

苏格拉底，听说你是雅典最聪明的人，我有个问题想请教你。

这是我之前开的窗户的大小，现在我要在这个基础上开一个两倍大的窗户，应该怎么算呢？

你之前是怎么算这个窗户面积的？
你想想正方形还能拆分成什么形状呢？
是三角形吗？

气~

苏格拉底的“诘问式”教学法不仅显示出他的智慧，也表现出他出色的口才，但他却谦虚地认为：“我不是给人知识，而是使知识自己产生的产婆。”

苏格拉底因为出色的辩论口才得罪了恶人，带来了杀身之祸。但无论如何，苏格拉底都是西方哲学的奠基人，有着无法代替的地位。

No.2 倡导友爱的文化圣人 孔子

——己所不欲，勿施于人。

来抓我啊！
叽叽喳喳~
将军！

还有完没完啊，这个梦到底要做多久啊？
很快！通过你我把信息储存满，马上就闪人！

你不是高智商外星人么？连个什么知识百宝袋和翻译机之类的东西都没有？一定要拉上我吗？

没办法，游戏规则就是要用地球人做媒介存储信息的。

快看!目标出现了!

孔子
哈哈！
瞧这个跟屁虫，整天就喜欢模仿大人玩什么演礼习仪的游戏。
嘿嘿！
害得父亲大人逼我也去学习“六艺”，你这个烦人的家伙！
我学的只是做人最基本的东西而已，既然国家没有提供学习的地方，我只好去跟着大人学习了，而且我觉得礼仪的游戏很有趣啊。

你……

哼！

这些家伙穿得这么华丽，应该是有钱人家的小孩，太不讲理了！
书上说，那时的贵族子弟多半一无所长，胸无点墨。
你快帮帮他！

我们只是在书里做了个梦，我怎么帮啊？！

你自己的梦你都控制不了啊，你是什么外星人啊！

好啦，我帮就是了。地球人怎么这么麻烦！

轰隆！

pia!
救命啊！
哈哈！活该！
地球人真无聊！
怎么回事？

对了，我记得孔子比苏格拉底年代更久远啊。你还高智商呢，怎么犯这种低级错误。

可能是来地球的路上出了点故障……意外^……

意外……

意外……

孔子从小就非常注重个人的修养，十五岁开始系统地学习礼乐文化，精通礼、乐、射、御、书、数“六艺”。
时空转移！

纳思红豆，
我们也下去
听听吧！
好的！

偷偷摸摸～

我们其实不
用这样吧！
就是说
嘛！

人和人缺少
友爱，故需
要仁；社会
没有秩序，
故需要义；
各个等级都
没有合理的
行为准则，
故需要礼。

这话太经典了！赶紧记下来。
这话我知道，课本上学过，孔子认为只要将仁、义、礼、乐、切实地推行于天下，世界就能变成有秩序的和谐社会了。
原来是这样。

哗啦啦！
哗啦啦！

下雨了！
大家去茶馆躲雨吧！
那当然！这只是虚拟世界嘛！
哈哈！雨淋不到身上！

大家快进来
躲躲雨吧！
麻烦你帮每
个人上碗面
条吧！
好的，孔
夫子！

好吃！
可把我饿
坏了！

呜呜呜~
呜呜呜~

哎！

他怎么了？讲了一上午都不饿吗？

刚才那位死者好像是师父的邻居。昨天一天他都在那人家中做执事，操办丧礼，一直没吃过什么东西。
师父遇到不认识的人生病受苦都要难过好久，连最爱的弹琴唱歌都会停下，更何况是身边的人去世。

这就是前几天学的成语“恻隐之心”吗？

好吃！
好玩！哈哈！

咳咳咳！
啊！！啊！！啊！！

你在干什么
啊?

咳!
我要不是有恻隐之心，才不要管你这个麻烦的外星人呢!

孔子教育学生循循善诱，最注重的是教导他们怎么做人，他一生都在倡导“仁者爱人”，即仁者要对世人有同情心。

孔夫子觐见！
走，我们也跟过去看看！
孔子到五十一岁才开始从政，在鲁国担任中都宰。他参与政事也是为了实践他的“爱人”思想。

大王，子为政，焉用杀，子欲善，而民善矣。
孔丘，此话怎讲？

暴君治国施暴政，子民恐惧才会守法，仁君治国施仁政，以德服人，
子民善良友爱自然不会犯罪。德行是风，小人是草，风怎么吹，草就会怎么倒……

嗯……

什么东西嘛，胡说八道！
就是！根本就是故作卖弄！

你开会还睡觉，看我来逗逗你！

住手！你不能这样！
为什么？

反正你记住，遇到任何事情都别直接跟书里的人说话。

这是什么意思？如果说话了会怎么样？

如果你运气那么好，碰巧对方听到了你说的话或者感觉到了你的存在，那可能你就会永远待在这个梦里，也就是这本书里了。

别吓我嘛，真是的！

驾！
孔子一度升任大司寇，但终因与权势立场不同，还是离开了鲁国。之后的十余年孔子依旧周游列国，不放弃劝说各位君主施仁政，是中国最伟大的文化圣人和思想家。

老师，等等
我们！

No.3寡欲乐观的伟大哲学家

庄子

知天乐者，无天怨，
无人非，无物累，
无鬼责。

呀！！！

这是什么鬼地方啊？
这就是中国古代的战国时期。
战国？怎么会这样？死这么多人……是因为打仗吗？
没错！
太可怕了！

呼呼呼~
我们要等的人出现啦！你看！是庄子！
他胆子真大啊！
庄子原是楚庄王后裔，后迁到宋国蒙地。他所处的年代正是各诸侯为了争夺地盘征战连年，百姓都生活在水深火热之中。

庄子早已看透这悲哀的乱世，对生命的态度却依然乐观，他鄙弃富贵权势，只为做一个逍遥自由的人。

我们跟过去看看。

&……%￥￥#
！！@……

他疯了啊？竟然和骷髅说话？
说啥呢？

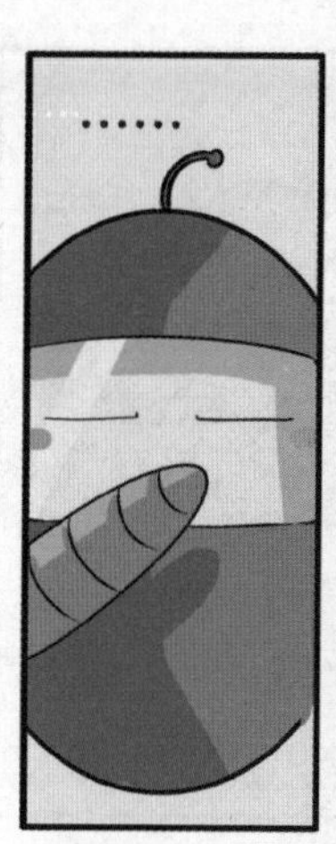
……

超级听筒！！！
你不想聊吗？那好吧，我也累了，先睡了。
什么嘛，他都说完了。

不要紧，他睡了，我们就到他的梦里去，这样就能和他直接对话了。
去他的梦里？
是啊！书上说庄子写的寓言故事里本来就有这个情节的，我们扮成那个骷髅幽灵当面去问他吧。

这是梦中梦，没事！

他好像睡着了。

嗖！

我们已经
来到他梦
里了吗？
是的。

我们这样装扮
真的可以吗？
是的，如果你
要放屁，一定
要提前通知我
啊！

我们来了！
庄子！

庄子先生，我想和你谈一谈。
你是刚才那个骷髅的鬼魂？怎么还跟着我到梦中来了？我刚才只是好奇你怎么会丧生于此，所以和你聊了会儿。

我该说什么？！
你别开口，对口型，我按照书上读，这里有。
你之前所说的那些死去的原因，全属于活人的束缚，人死了就没有那些忧患了。

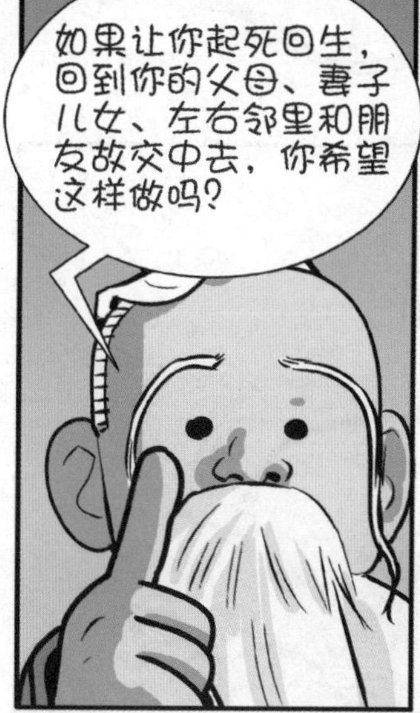
如果让你起死回生，回到你的父母、妻子儿女、左右邻里和朋友故交中去，你希望这样做吗？

这个……

生并不代表快乐，死也不代表痛苦，所以关键是你活着的时候是抱着怎样的态度。

梦境消失了
了吗？
是的！

你们地球人的语言还真是难懂啊。我一句没听明白。
我看是你在吹牛吧，说自己是什么高智商物种。
1万吨
你说什么？！
嘿嘿！开玩笑的了！

砰！！！
砰砰砰！！！
怎么回事？

是庄子！
砰砰砰~
庄子有这么恨他老婆吗？
他夫人不是刚过世吗？
开心成这样。看来他老婆一定是个恶婆。
不是说庄子先生和他夫人感情很深吗？
庄子先生，这种时候你为何鼓盆起舞？

夫人离去起初我也很难过，但我转念一想，每个人本来就是从无到有，死后只是重新回到大自然中去罢了。
并没有什么值得太伤心的，完全用不着为死亡而烦恼。
这是大自然的规律。
……
好深奥啊！

纳思红豆，
你们星球上
难道没有烦
恼吗？
也有啊！不
过看你这表
情，你的烦
恼好像更多
一点。

我想长大了和爸爸一样走遍大江南北，不过我是想做一个生物学家，研究各种动植物，保护我们的地球。不过妈妈好像不喜欢我整天在外面捉小虫子。

我们星球是很快乐的。豆子们经常聚在一起玩游戏棋，或者玩豆子牌……

只要每一天努力活着，我们才不去想不开心的事情呢。
唔……是嘛。

你看，好多蝴蝶。
庄周梦蝶吗？原来古人早就已经想到美国大片的情节了，真是厉害。
哇哦！

庄子一生著书十余万言，他写书时也喜欢用生动幽默的寓言故事来阐明自己的思想立场。

庄子是伟大的文学家和哲学家，他在乱世中依然保持率真自然的性格和乐观通达的人生态度，一直为后人称赞。

No.4替父从军战沙场的孝顺女孩
花木兰

嗖！
嗖！
轩轩，抓紧哦！
哎呀！你干嘛不选个好地方落脚啊？

抓住！

纳思红豆，这是什么地方？
花木兰的家呀！

花木兰！就是动画片里看过的那个？！
木兰又去河边捉蟋蟀了？

是啊，她说顺便再捉两条鱼回来当晚餐。

原来花木兰和我一样贪玩啊！
这次收到征兵军令，我最担心的就是这孩子。
平时这么任性，又像个男孩子，以后不知道能不能嫁个好人家。

还不是你让她习武，还把你以前在沙场上那些骑马射箭的功夫都教给她。
是是是，都是我的错。那时候儿子还没出生，怪我把木兰当男孩子来养了。
这样看来，我妈快把我当女孩子来养了。
嘘！主角要来了！

以后这个家就要辛苦你了。
你别……说得好像自己回不来似的。
我上过战场，知道是怎么回事，我这把老骨头，能活着回来的机会太小了。

爹，娘，为什么征兵这么大的事情要瞒着我？！

你们太过
分了！

木兰，你已
经知道了？
我们也是早上
才收到军帖。
哼！
姐姐~

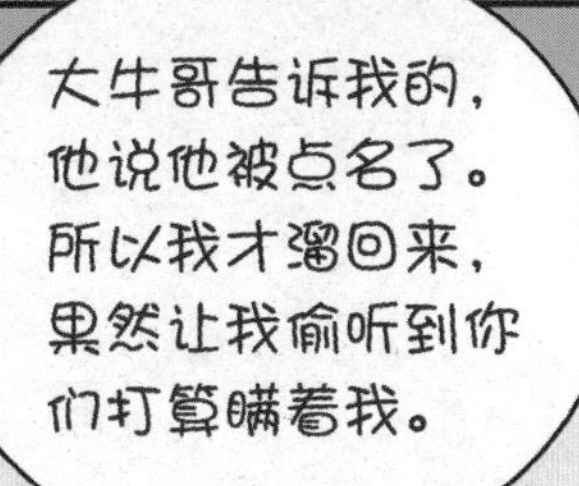
大牛哥告诉我的，他说他被点名了。所以我才溜回来，果然让我偷听到你们打算瞒着我。

木兰，这是皇上下的旨意，不能违背，再说如今外族入侵，我们作为子民理应尽力。
可是爹您已经六十高龄，又有伤病在身，怎么打仗？这不是白白送死嘛。
男人的事情，女人就不要说三道四了！

木兰，别在你爹临行前再惹他生气了，快去把没织完的布匹织完吧。
哇哇哇~

他最希望看到的是你成为一个标准的大家闺秀。

真奇怪，干嘛不让这女孩去？
你不知道，中国古代本来就重男轻女，更何况冒充她父亲上战场，被发现了就是灭门之罪。
我背过一首流传很广的北朝民歌——《木兰辞》，那时候只是死记硬背，里面很多意思都不懂。
你们地球人还需要用背来记东西，太落后了，我们直接扫描就行了。

哎~
唧唧~
唧唧~

唧唧复唧唧，木兰当户织。不闻机杼声，惟闻女叹息……
原来是这样啊！
不过很难想象这样一个瘦弱的人怎么去打仗。
她后来可是凯旋而归的，这我知道，动画片都是那么演的。

蹑手蹑脚~

花木兰这一别就是十余载，她在战场上英勇善战，巾帼不让须眉。
杀啊！

爹！娘！

孩儿，这些年你受苦了！

关于花木兰的姓氏、年代和籍贯虽然一直说法不一，但是她女扮男装，替父从军的孝顺之举一直被后人所称颂。

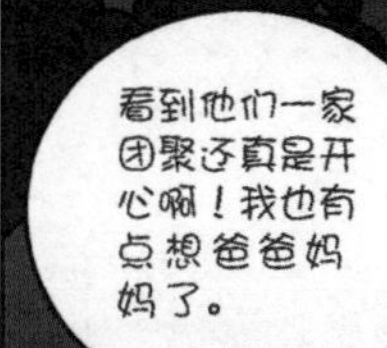

No.5维护自尊，弃官流浪的诗仙
李白
天生我材必有用 千金散尽还复来

这次又降落在哪里了啊？
悬崖边上啊！
啊！！！！！！
真是个胆小的地球人啊！

吓死我了！你能不能不要每次都这么危险啊！?
反正是书里的梦，你不会有生命危险的。

啊~呀~

这回我们去找哪个名人?
这骑马人的打扮看上去是……
是中国的唐朝，我们这次要找的是李白！

公元742年
李白
李白女平阳
爹爹，前两天又有京里来的诏书，你怎么不看看呢？
李白
还不是时候。

我知道，李白是一个有远大抱负的人，但在很长时间里都没有得到实现的机会。
由于玉真公主和贺知章的推举，唐玄宗对李白的诗赋十分仰慕，三下诏书，已经四十二岁的李白终于等到了唐玄宗第三次召他入京的诏书。
诏书
谢谢！谢谢！
恭喜你啊！李大人！

时机终于
到了！
爹，这么开
心，你作首
诗留作纪念
吧！
希望爹这次
进京能仕途
通达，青云
直上。
好！

仰天大笑出门去
我辈岂是蓬蒿人

李白写的诗哎！可以卖不少钱吧！
这张破纸也值钱？！

你们星球没有古董的吗？
古董？我们每个豆寿命都超过三百岁，就是古董啊！

李白很快启程奔赴长安，担任翰林供奉，陪侍君王。

在长安期间，朝政的腐败使李白不胜感慨，忍不住批判现实，玄宗身边亲近的人对他都十分厌恶。
这个李白又在卖弄文采了！
真是可恶透顶！

好！
好！
好！
厉害！厉害！
你们星球上没这些吗?
我们可是高级文明星球，没有这些愚蠢的把戏。
愚蠢你还看得这么津津有味?！
你……哎?李白也在！

翰林供奉到底是个啥岗位？这么悠闲，还能在街上喝酒瞎逛。
李白 男 42岁 陪写陪画陪喝酒……
书上说就是陪皇帝娱乐消遣的，跟这些杂耍的差不多，吹个小曲，写个小诗什么的。
这不就是“三陪”嘛！
抽刀断水水更流
举杯消愁愁更愁

一向自尊心很强的李白受不了同僚的诋毁，一方面也不甘心只在皇帝身边做个“小丑”，空有一身文采，抱负却无法施展，所以常常在街市买醉忘忧。
他好像要摔倒了？！
快去扶他！
好重！压死我了！
虽然语文课上我也不是很想背你的诗。但是还是有很多人喜欢你的，大叔！快醒醒，你还有好多诗没写呢！

谁叫我？！写诗？！

最终在任职两年后，李白写了一首《翰林读书言怀呈集贤诸学士》有意归山。他宁愿继续做一个流浪四方的逍遥人。

直挂云帆济沧海

长风破浪会有时

No.6 不惧权威的自信青年
真理不在蒙满灰尘的权威著作中，而是在宇宙、自然界这部伟大的无字书中。
伽利略

意大利 比萨
嗖！嗖！

这就是？
是的，书上说“近代科学之父”伽利略·伽利略出生前的千百年里，传统神学和教会束缚着人们的思想。

主人！
主人！

主人！

夫人生了个儿子！
真的吗？

伽利略
嘻嘻~
儿子！

你以后要光复家业！
做个名医才行！

你是不是该快进一下，从婴儿开始说，要说到什么时候啊。
嗯……

变身！
时光投影仪！
哈！有画面了！好棒！
伽利略婴孩时。

伽利略儿童时期
这是我自己做的小木马，为了说服爸爸我能帮他照看店铺。

少年伽利略
都说是天上的神创造了万物，神究竟在哪里呢？

停停停，年纪差不多了。

我听说你到了修道院之后，居然就想去做传教士！

爸，我只是有很多问题没想明白，有一些事情需要证明。

不要说了！跟我回家！你是一定要去学医的！

伽利略的老爸跟我老妈真有一拼！她也总是希望我以后能当医生律师什么的。

嘿嘿，好可怜的家伙。

比萨大学

伽利略听从父亲的安排进了比萨大学学医，可他整天待在图书馆里研究他喜欢的数学和物理。

亚里士多德书中提到的“摆的规律”是真的吗？可为什么我今天在教堂计算吊灯摆动的结果不是这样的呢？

他到底是哪里来的自信去怀疑历史上伟大的人呢？如果我在学校也这样，不知道会不会被当成疯子。
我觉得当一个人有了很多知识，离真相越来越近，自然就有这份自信了。

怪不得有句话叫“知识就是力量。”

也许我该想办法做个实验证实一下。对！就做个实验吧！

他不会是想得太多大脑神经烧坏了吧！

伽利略找来木球和铁球，
反复实验，终于得出结论！

决定摆动周期的，是绳子的长度，和它末端的物体重量并没有关系。

这样的实验太折磨人了！救命啊！
我也要晕了……

伽利略的父亲得知他在大学里醉心实验，根本没打算做医生，非常生气，迫于压力，伽利略只能离开比萨大学回到老家佛罗伦萨。

伽利略回答父亲的店铺后依旧刻苦钻研，不放弃做各种实验，甚至自制了脉搏计，还非常畅销。
您拿好！
谢谢！

比萨斜塔
伽利略疯了吗？爬那么高要干什么啊？
他真是疯了！竟然敢质疑亚里士多德物理学？！
在同一种介质中，物体的下落速度和它的重量成正比，物体越重，下落的速度越快。这还需要实验证明吗？

现在请大家注意观察，这两个大小一样重量不等的铁球是不是同时落地！？

同时落地！

真的同时落地了啊！
肯定是什么鬼把戏！
就是！
总之他就是爱做实验啦，而且他也确实找到了原来理论中的漏洞。
这个著名的比萨斜塔实验我知道。

1610年3月，伽利略的著作《星际使者》在威尼斯出版。他的天文学发现以及他的天文学著作明显地体现出了哥白尼日心说的观点。

晚年的伽利略开始受到罗马宗教裁判所长达二十多年的残酷迫害，直到临终前他仍然偷偷著书记录下自己的观点。

老年伽利略
追求科学……需要特殊的勇气。
老师！

No.7
正直刚毅的明代"反贪专员"
美曰美，不一毫虚美；过曰过，不一毫讳过。
海瑞

嗖！
嗖！
怎么又回到我们国家古代了？你机器默认的名人顺序还真是一团乱！
早跟你说降落到地球的时候出了点意外嘛，我已经尽力在修补故障了。

好吧，看在这次穿越没降落在什么悬崖峭壁上，我就……

啊！牛粪！

你们知道吗？海知县昨天竟然去市场上买了两斤肉！
什么？！你确定吗？！
海知县可从来都是粗茶淡饭的，我听说他家的房子还漏水呢！
千真万确！听说昨天是他母亲大寿的日子。
他们说的这个抠门的海知县……不会就是海瑞吧。
我还真对这个官好奇了！去他家看看！

御史大人到！
海瑞你一个堂堂知县，竟然住在这种地方？！若不是我亲眼所见，实在难以相信。
这次又让御史大人失望了。
我海瑞曾写过一篇《严师教戒》，如果到了衙门当官，看到弄钱容易，有好房子，有漂亮女人就动心，见到大官就巴结，干什么都存私心。
那我怎么对得起自己，对得起祖先？！我海瑞要是犯了以上任何一条过错，就不如死的好。

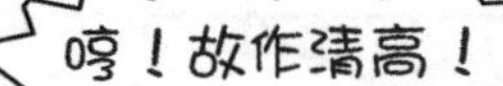
哼！故作清高！

海瑞刚正直言，又不肯同流合污，一定得罪了很多大官，他们都想抓住海瑞的把柄。

可惜他这么抠门，哈哈，估计把那些人都气吐血了！
估计其他的官都觉得他脑子有毛病。
呼！！！

海知县，淳安驿
站出大事了！

什么？！
快点骑！
驾！

驾！
驾！

淳安驿站
驿
淳安
海瑞年近四十才开始仕途生涯，四年后升任淳安知县，他在任期间两袖清风，做了许多造福百姓的好事，不仅减免了之前胡乱征收的税负，还兴修水利。

把他给我倒吊起来，吊到海瑞来见我为止！
胡宗宪儿子胡桂奇
驿站官员

住手！！

我听说这位是胡总督的公子？
正是。海知县，我听说不少官员都知道淳安驿站不愿提高接待标准，宁愿绕路而行。

呸！

这是什么茶？！江南不是盛产名茶吗？！没有配茶的糕点吗？
这个“官二代”怎么比我还贪吃啊！

我不违反朝廷法令，不向农民增税，所以本县没有多余的钱去提高标准招待官吏。
我做的一切只是遵守朝廷法令，你觉得我有哪里做得不对吗？

怎么说我爹也是比你大好几级的官，你敢这么对我说话？

胡总督曾颁令各地方不许超标招待过往官差，你提出如此过分要求，定不是胡总督的儿子！想来我这里骗吃混喝！

来人，抓起来！

我来骗吃混喝？！
我什么山珍海味没
尝过啊！
拳头你没吃
过吧！？
给我狠狠
地打！
饶命啊！！！
我知错了！

这次我俩来说
回书，哈哈！
海瑞清廉正直，不
仅得罪了百官，也
多次得罪了皇上。
最有名的就数那一
次买棺事件。
书

各位看官。
请耐心听我
往下讲。说
……
嘉靖四十五年（1566年），
糊涂的明世宗听信陶仲文等
方士的骗术研制长生不老之
药，不理国事，还捉了许多
少女入宫。

夫人，这封是休书。对不起
可你也不用这样赶我离去啊！
海瑞将此事看在眼中，虽然知道上书劝说会激怒皇帝，但为了百姓国家，他还是坐不住了。

我不想你卷入这牢狱之灾。陛下这次错得太多了，我一定要递上文书点醒他。他想求长生不老，可是你想想，尧——古代圣贤终要一死，就是教他的那个陶仲文不也死了吗？

呜呜呜呜……

纳思红豆，说大书也说过瘾了，我们还是去看现场直播吧。
好！

皇宫
治安疏？好个海瑞，他也太失礼了！
治安疏

治安疏
明世宗
朕王！他当是纣吗？

这海瑞是个书呆子，听说他之前已经买了棺材，遣走了妻子仆人。
那正好，立刻去把他给我抓起来！

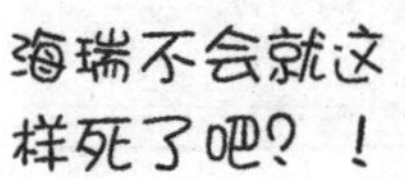
海瑞不会就这样死了吧？！

放心吧，书上说他虽然因为这次事件被打被关，吃了很多苦，但是这个白痴皇帝没多久就死了，海瑞也就出狱了。

海大人，先皇驾崩了，你可以出狱了。

真的吗？

海瑞出狱后依然秉持着“过分”正直的脾性，他的品行成了一块金字招牌，得到了朝廷内外许多官员的敬仰，他的故事也在民间百姓中广为流传。

No.8
在绝望中迸发的上进斗志
——我的箴言始终是：无日不动笔；如果我有时让艺术之神瞌睡，也只为要使它醒后更兴奋。
贝多芬

1802年 维也纳
你这个疯子！
给我搬走！
嗖！
嗖！
哇！一登场
差点被砸成
猪头了！

这就是贝多芬租住的地方，不过书上说他经常和房东闹矛盾，三天两头就搬家。
看来这里他也住不久了。
他在干什么啊？

贝多芬

大师，其实您这样确实不对，楼下就是房东的餐厅……

你懂什么？！不这样做我的灵感随时会逃走的！

贝多芬为了不断创作出更好的作品，经常会有些奇怪的举止困扰他的房东，因此他和房东之间的争吵从未停止过。不断地搬家也让他花掉了更多的钱，变得更加穷困。

大师，我早说了，您又敲窗户又泼水的，迟早会被赶出来。这已经是我们今年第五次搬家了。

够了！！
别再说了！！

因为从小的专业训练，当时年仅八岁的贝多芬就得到了公开演出的机会，并且十一岁时就开始在波恩宫廷乐队演奏。

可惜的是26岁时……
我听不到了！
我听不到了！
我听不到了！

刚在维也纳闯出一番天地的贝多芬竟然发现自己的听力在急速减退，这对一个作曲家来说简直就是命运的捉弄。

虽然快听
不到了，
但是乐曲还是不
断涌出来啊！我
一定要把它们演
奏出来！

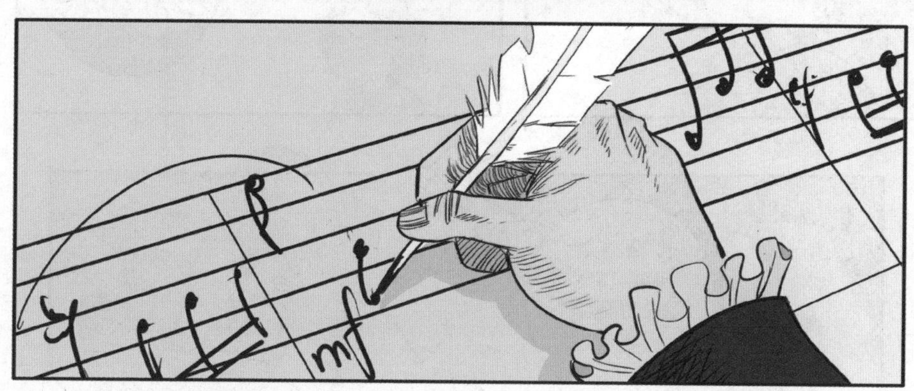

他可真是史上
第一悲惨的音
乐家啊！
是啊，年纪
轻轻竟然聋
了……

不如……
你……想干嘛?

你不是有个扩音器嘛，就借给这可怜的人吧。

不行！我不是说过了嘛，我们是在书里，随便乱弄，我们会被困在书里面的。

只是送礼物，不跟他说话总行了吧!
不行！
不行！
那我要使用暴力了啊！
地球人太野蛮了！！！！

嗯？我好像听见谁
在说话……难道我
的耳朵好了？！

嘘——

维也纳河畔剧院
听力减退后贝多芬顽强地与命运搏斗，1805至
1808年，家喻户晓的《命运交响曲》诞生了。

总之幸好你没帮他，就像我之前学的那句古文说的：故天将降大任于斯人也，必先苦其心志，劳其筋骨……

这可是《命运交响曲》啊！他们摇什么头啊！
书上说他这个时期创作的一些乐章太深奥，并没有得到大众的认同。

贝多芬本就是一个内向的人，加上多年治疗耳聋没有效果，中年的他变得更加孤僻。没有爱情的日子，贝多芬只能写信给友人抒发心中的苦闷。

也许我确实应该考虑一下怎么让大众接受我的音乐……

也许正是因为他听不见了，才能安静地创作。
过这种日子真够闷的啊！
要忘掉自己的不幸，最好的方法就是埋头苦干!!!
他自己做的助听器还不错嘛！

贝多芬之后一直在为把自己的音乐从贵族圈中带入平民社会而努力，他在生命最后阶段演出的《第九号交响曲》获得了巨大的轰动和成功。

No.9
完美自律的化身
要活就要像明天你就会死去一般活着。要学习就要好像你会永远活着一般学习。
甘地

呜！
呜！

我们怎么上火车了？这是要去哪儿？
现在是1916年，我们在甘地寻找印度之旅的列车上，让我找找看他在哪里吧。

嗯……寻找印度？什
么意思？

甘地夫人
甘地
甘地，生于1869年。青年时留学英国学习法
律，曾在南非工作，并领导了在南非被歧视的
印度人，为争取平等权利的斗争……

第一次世界大战爆发后甘地回到印度，当时的印度还是英国的殖民地，许多人一方面因为印度严格的阶级划分制度，一方面因为殖民者的压迫，生活很穷苦。

我出生家境富裕，又在国外多年，果然对真正的印度一点都不了解啊。
你脱去西装，穿这身也挺精神的。

西装也许代表富有和成功，不过要想成为他们的一份子，就必须像他们一样生活。
我开始喜欢这个“富二代”了。

昨天的那个老人真的太悲惨了，明明是英国地主让整个县的百姓种树染布，现在染料卖不出去，又逼着他们交租钱，连饭都吃不上。
对于不公平的现象无论如何我都不会屈服！我们一定会找到办法解决的。

我听说之前村民也暴乱过，后来都被抓了。
暴力不能解决问题，只会激化矛盾。不使用暴力也不等于消极抵抗，我会让那些想要奴役我们的殖民者感到难为情……

甘地！
甘地！
甘地！

哇！这架势比明星演唱会还大啊！
看来他是已经游历完，要回家了。

回家真好啊，我梦了这么久，也应该回家了……
我看到你大脑中闪过的画面了，不过我也很想回自己的星球，你就再坚持一下吧。

这么说……一直以来你都看到我在想什么啦！
哈哈……嘻嘻，算是吧！
什么叫算是吧，你这个偷窥狂！吃我一拳！
这么冷的天他怎么穿这么少啊？

我昨天给你那件毛衣，你怎么不穿呢？
我送给路边一个乞讨的老人了。

那我再给你打一件吧。

我们家可不止缺一件毛衣。

那你要我打几件？
四亿件……
呵呵~
呵呵~

嗯嗯~
咪~咪~
这样啊~
在梦里我看得懂英文啦，这感觉真不赖啊！
我拜托你醒来的时候也多看点书吧。你想当生物学家，学习很重要啊！
哎呀，知道啦，知道啦，别像我老妈一样啰嗦啦。
我们跟去瞧瞧。

书上说，中年的甘地一直过着苦行僧般的生活，他的克己制度包括素食，独身，默想，禁欲……
虽然大人的想法我不是很懂，但是我还是看得出甘大叔确实是个难得的善良人。

跟着他大半天了，他怎么一直这么沉默啊。
书上说他每周有一天会整天不说话，以便于更好地思考。
你怎么不早说啊，这段早就应该跳过了啊！
不能跳过，这段的意义重大，这时候的甘地思想境界又有一个新的升华了。他认为沉默会带给自己内心的平静。

监狱

甘地一生牢狱之灾不断，但是他为印度人民争取平等和人权的信念始终没有动摇。

甘地先生，请吃
点东西吧！

你该知道我在绝
食。谢谢。

我发现了一个有趣的事情，他一个人的时候表情都是很沉重，但是和别人说话都是微笑的。
我只发现这些名人十有八九坐过牢。
甘大叔，你千万别死啊！振作一点！
嘘！那是书上的历史，不关你的事情！

他快饿死了，我怎
么能见死不救呢！

别再说了！轩轩
……快放手，不然
来不及了！
大叔！！！

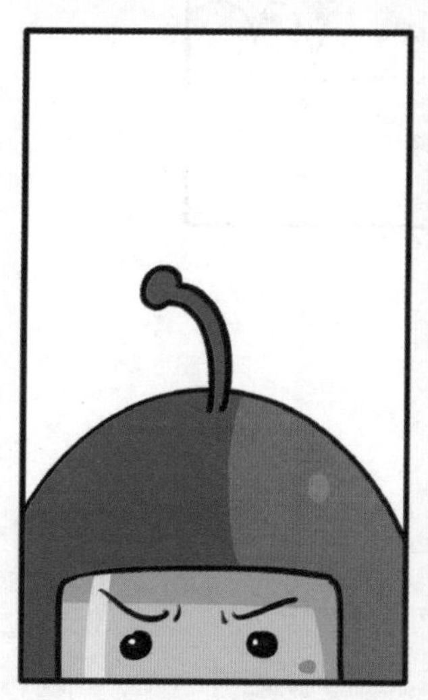

轩轩。你快吃下豆子，别被关在书里了！
空间扭曲！
啊！！！

纳思红豆！！！

轩轩！起床了！
这样睡！小心憋
死啊！！！

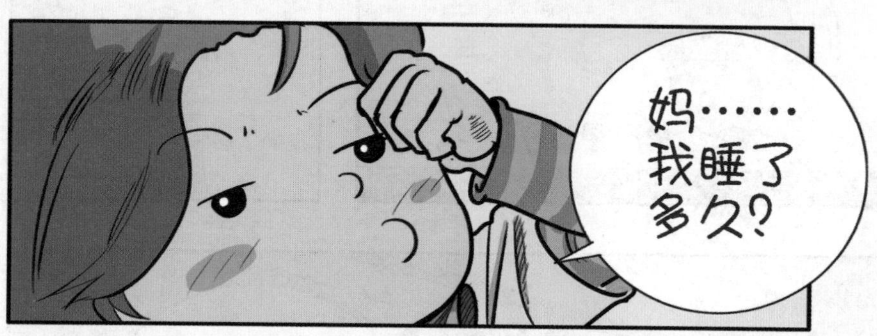
妈……
我睡了
多久？

十个小时啦，小懒猪，
就算是周末也不能这么
睡啊！快刷牙洗脸吃早
饭啦！
这么久啊？

纳思红豆！

纳思
纭豆！

纳思
纭豆！

不见了……

纳思纭豆，你去哪里了？是已经回家了吗？